Je révise, en m'amusant

Je suis Rémi

Je suis Lison

Les petites histoires ont été coécrites par Jacqueline Bradu,
Auteure du livre pour enfants "*Les Visiteurs de mon Jardin*"
(JPS Éditions).

Questions et service client : support@editions-jolimonde.fr.

Comment résoudre un problème de mathématiques ?

Un problème de mathématiques, c'est :

Un énoncé qui comprend des informations (des données) et au moins une question à laquelle tu dois répondre en faisant un calcul.

Résoudre un problème, c'est :

Trouver la solution à la question posée ; comme une devinette que tu dois résoudre en faisant des calculs.

Comment résoudre un problème de mathématiques ?

1- Lis attentivement l'énoncé plusieurs fois pour <u>repérer les données</u> qui te seront utiles et <u>imaginer dans ta tête</u> l'histoire du problème. Tu peux aussi reformuler le problème avec tes propres mots, le dessiner ou bien souligner les informations importantes.

(Fais attention car parfois l'énoncé comprend des données inutiles pour la résolution du problème : tu ne devras donc pas utiliser ces informations inutiles.)

2- Repère les questions posées.

3- Trie les données qui te seront utiles pour résoudre le problème.

4- Choisis les opérations nécessaires pour résoudre le problème.

5- Présente la solution :
- en écrivant l'opération en ligne ou posée,
- en écrivant le résultat avec une phrase.

N'oublie jamais de ***préciser dans quelle unité est le résultat*** de l'opération (en cm, en euros... ou en nombre de billes, de stylos...) et de ***toujours calculer des nombres qui ont la même unité*** (des euros avec des euros, des œufs avec des œufs,...)

Décomposons un problème ensemble

L'énoncé du problème :

Dans sa cour, la fermière élève **7 petites poules**.

Ce matin, les poules ont pondu **5 œufs**.

Cet après-midi, elles ont pondu **2 œufs**.

À **18 heures**, la fermière est revenue de son jardin.

Combien d'œufs la fermière va-t-elle ramasser en tout ?

● ●

1- Lis l'énoncé attentivement.

2-Repère la question.

Dessine ou écris les **données importantes** pour pouvoir choisir l'opération ou les opérations qui te seront utiles.

> Je dois trouver combien d'œufs la fermière va récupérer :
> les informations utiles sont donc celles concernant les
> œufs : 5 œufs et 2 œufs ont été pondus.

3- Quelle opération te sera nécessaire ? Y en aura-t-il plusieurs ?

Astuce : les mots **somme** et **en tout** t'indiquent qu'il faudra faire une addition **(+)** car **on ajoute**. Les mots **perte** et **en moins** t'indiquent qu'il faudra faire une soustraction **(-)** car **on enlève**. Le mot **fois** et un **même nombre répété** plusieurs fois indiquent qu'il faudra utiliser la multiplication **(x)**.

> Je dois trouver combien il y a d'œufs en tout : je choisis
> donc l'addition pour résoudre le problème.

4- Pose ton calcul en ligne ou en colonne :

$$5 + 2 = 7$$

$$\begin{array}{r} 5 \\ +\ 2 \\ \hline 7 \end{array}$$

5- Présente le résultat avec une phrase

> La fermière va ramasser 7 œufs en tout.

Maintenant que tout est clair pour toi,
allons-y progressivement !

Problème n°1

Ce matin, Lison a décidé de mettre de nouveaux petits poissons dans le bassin de son jardin. Elle se dépêche d'aller rejoindre Mamie Nicole pour aller pêcher dans l'étang du voisin.
Lison avait déjà pêché 13 jolis poissons hier. Elle en ajoute 6 autres aujourd'hui.

Combien y a-t-il maintenant de poissons dans le bassin ?

Les données importantes

Mes opérations

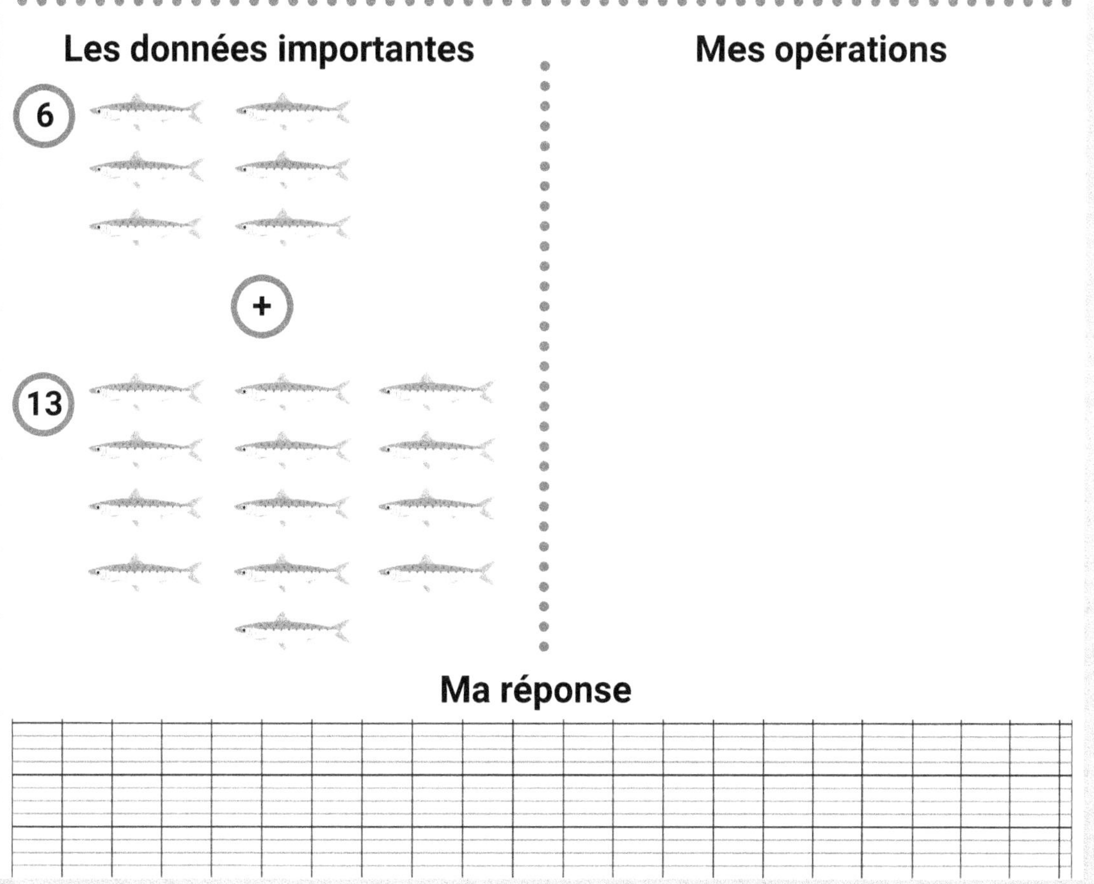

Ma réponse

Problème n°2

Mamie Nicole a un copain : c'est un petit lapin malin qui vient parfois lui rendre visite. Elle l'a appelé Blanquette car il est tout blanc.
Ce matin, Blanquette est venu grignoter des carottes dans le potager de Mamie Nicole ! Oh ! Le coquin ! Encore 5 carottes qui ont été mangées ! Blanquette a déjà mangé 9 carottes au début de la semaine.

Combien ce petit lapin a-t-il mangé de carottes en tout ?

Les données importantes

Mes opérations

Ma réponse

Problème n°3

Rouquette et Croquette sont deux petits écureuils farceurs qui sautent de branche en branche dans le jardin de Mamie Nicole. Ils gambadent toute la journée en quête de nourriture pour remplir leur nid. Oh ! Ce joli noisetier rempli de noisettes sera parfait : Rouquette récolte 22 noisettes et Croquette en récolte 26.

Combien les deux petits écureuils ont-ils récolté de noisettes en tout ?

Les données importantes

Mes opérations

Ma réponse

Problème n°4

Rémi aime prendre des leçons de poney avec Ponette. Alors, monté sur Ponette, Rémi tourne encore et encore dans le manège à chevaux. Tout va très bien mais soudain, Ponette s'arrête après 11 tours de manège pour déguster quelques brins d'herbe bordant l'enclos. "Hue !!" lui crie Rémi pour la faire avancer. Ponette reprend sa balade et, après 12 tours, s'arrête à nouveau et ne veut plus du tout repartir. La leçon est bel et bien finie.

Combien de tours de manège Rémi et Ponette ont-ils fait ?

Les données importantes

Mes opérations

Ma réponse

Problème n°5

Il est l'heure de manger et Biscotte, la petite chienne de Mamie Nicole, le sait très bien. Elle attend avec impatience que Mamie Nicole lui donne sa gamelle de croquettes pour jouer à son jeu favori : mettre un grand coup de patte dans la gamelle pour éparpiller les croquettes sur le carrelage. C'est ainsi qu'elle a sorti 36 croquettes une première fois puis 52 la fois suivante.

Combien Biscotte a-t-elle sorti de croquettes de sa gamelle ?

Les données importantes

Mes opérations

Ma réponse

Problème n°6

Lison et son amie Camille s'amusent à faire de jolis colliers colorés pour les offrir à leur maman. Camille a fait un collier avec 32 perles rouges et 7 perles bleues. Lison a fait un collier avec 60 perles jaunes.

Combien Lison et Camille ont-elles utilisé de perles ?

Les données importantes

Mes opérations

Ma réponse

Problème n°7

Lorsqu'il rentre de l'école, Rémi adore ramasser les œufs dans le poulailler pour que Mamie Nicole puisse les vendre sur le marché. Il se rue dans l'enclos et ramasse 56 œufs mais dans la précipitation, il en casse 13.

Combien Mamie Nicole aura-t-elle d'œufs à vendre sur le marché ?

Les données importantes

Mes opérations

Ma réponse

Problème n°8

Lison a cueilli pendant 1 heure de jolies fleurs sauvages dans le champ du voisin. Elle a maintenant un gros bouquet composé de 63 fleurs. Elle court pour les offrir à maman mais patatra ! Lison tombe à la renverse et éparpille le joli bouquet. Elle réussit à ramasser 52 fleurs mais les autres sont trop abîmées.

Combien de fleurs ont été abîmées dans la chute de Lison ?

Les données importantes

Mes opérations

Ma réponse

Problème n°9

Aujourd'hui, c'est jour de marché. Mamie Nicole installe son étal pour vendre ses 70 œufs. Par ce joli temps ensoleillé, beaucoup de monde se promène dans les allées du marché. Mamie Nicole vend 40 œufs à une dame et 7 à un monsieur.

Combien d'œufs ont été vendus ?
Combien d'œufs reste-t-il à Mamie Nicole ?

Les données importantes

Mes opérations

Mes réponses

Problème n°10

Lison et sa maman sont parties faire des courses. Lison a acheté des livres pour la somme de 21 € et un stylo à 22 €. Aujourd'hui, c'est Lison qui paie avec son argent de poche et elle a seulement un billet de 50 € dans son porte-monnaie.

Combien coûtent les livres et le stylo ?
Combien de monnaies la caissière va-t-elle rendre à Lison ?

Les données importantes

Mes opérations

Mes réponses

Problème n°11

C'est l'anniversaire de Rémi ! Il vient d'avoir 7 ans. Papa et Maman ont organisé une jolie fête pour lui. Il a reçu plein de cadeaux. Parmi les cadeaux, il a reçu 55 billes de toutes les couleurs. Chouette alors ! Maintenant il en a 98 !

Combien de billes Rémi avait-il avant son anniversaire ?

Les données importantes	**Mes opérations**

Ma réponse

Problème n°12

Rémi et Lison sont sagement en train de faire un puzzle de 250 pièces. Lison a déjà réussi à assembler 101 pièces. Rémi en a assemblé 13 de moins que Lison.

Combien de pièces de puzzle Rémi a-t-il assemblées ?
Combien de pièces de puzzle ont déjà été assemblées en tout ?
Combien de pièces de puzzle reste-t-il à assembler pour le finir ?

Les données importantes	**Mes opérations**

Ma réponse

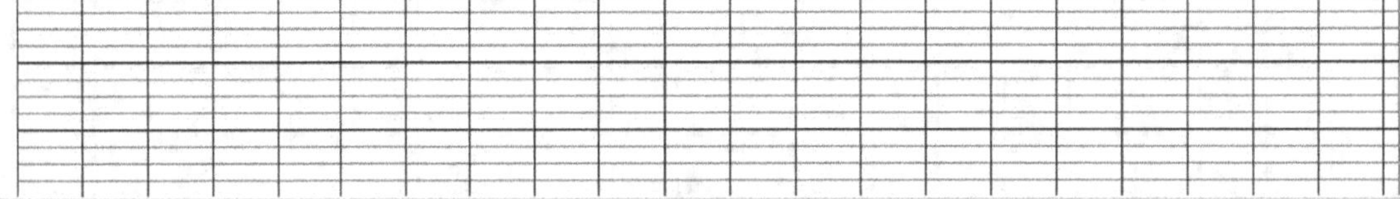

Problème n°13

Super ! Il neige ! La neige a recouvert le sol pendant que Rémi et Lison étaient en train de déjeuner. Ils s'empressent d'aller jeter des miettes de pain pour nourrir les petits oiseaux du jardin. Soudain 19 moineaux se posent sur la terrasse pour venir picorer. Attirés par la nourriture, 10 autres oiseaux viennent également se régaler. Mais Rémi fait trop de bruit ! 8 oiseaux s'envolent, apeurés.

Combien d'oiseaux se sont posés en tout sur la terrasse ?
Combien d'oiseaux reste-t-il sur la terrasse ?

Les données importantes	**Mes opérations**

Ma réponse

Problème n°14

Aujourd'hui, Rémi et Lison vont au parc d'attractions avec Mamie
Nicole. Ils sont tellement contents. Le cœur battant, ils arrivent devant
les manèges et regardent, émerveillés, les autres enfants faisant des
autos-tamponneuses. Chouette ! Zora a ouvert le stand de pêche aux
canards. Rémi et Lison attrapent une canne à pêche et se lancent dans
une pêche folle ! 27 canards pour Rémi et 32 pour Lison.

Combien de canards Lison a-t-elle pêchés de plus que Rémi ?

Les données importantes

Mes opérations

Ma réponse

Problème n°15

Papa Gilbert, le papa de Rémi et Lison, est pilote de course automobile.
Pour faire sa course, il remplit le réservoir de sa voiture avec 200 litres
d'essence et ajoute aussi 2 litres d'huile dans le moteur.
Au milieu de la course, Papa Gilbert doit ajouter encore 20 litres
d'essence dans le réservoir. À l'arrivée, il constate qu'il lui reste 5 litres
d'essence dans sa voiture.

Combien Papa Gilbert a-t-il consommé d'essence pendant la course ?

Les données importantes

Mes opérations

Ma réponse

Problème n°16

Aujourd'hui, à la cantine, le cuisinier a préparé 52 tartelettes aux fraises,
25 tartelettes aux prunes et 12 parts de flan à la vanille.
À la fin du repas, il ne reste plus que 13 tartelettes aux prunes.

Combien le cuisinier a-t-il préparé de gâteaux en tout ?
Combien de gâteaux ont été mangés par les élèves ?

Les données importantes

Mes opérations

Mes réponses

Problème n°17

Biscotte joue dans le jardin comme une petite folle. Elle court à toute vitesse de son panier à la niche d'Igor, le gros chien de la famille. Igor aboie car il voudrait bien jouer lui aussi. Wouf ! Wouf !
Dans sa course folle, Biscotte fait 5 allers-retours. Chaque aller-retour lui fait parcourir 4 mètres.

Combien de mètres a donc parcouru Biscotte ?

Les données importantes

Mes opérations

Ma réponse

Problème n°18

Mamie Nicole adore faire des gâteaux. Elle s'aperçoit qu'il lui manque beaucoup d'ingrédients dans ses placards. Elle décide donc d'aller acheter ceux qui lui manquent. Mamie Nicole achète 4 paquets de farine à 2 € chacun, 3 plaquettes de beurre à 1 € chacun et enfin 7 tablettes de chocolat à 3 € chacune.

Combien Mamie Nicole a-t-elle dépensé d'argent en tout ?

Les données importantes

Mes opérations

Ma réponse

Problème n°19

24 élèves de la classe de Rémi vont partir en classe de neige. C'est un gros budget. Maman et Papa devront prévoir l'argent pour ce voyage qui coûte 150 € par enfant. Rémi et Lison vont y aller tous les deux. Papa et Maman devront également leur donner 100 € d'argent de poche chacun.

Combien les parents de Rémi et Lison doivent prévoir d'argent en tout ?

Les données importantes

Mes opérations

Ma réponse

Problème n°20

La vitrine du pâtissier du village est très appétissante. En effet, le pâtissier a disposé 3 rangées de 7 éclairs au chocolat chacune et 2 rangées de 6 meringues chacune.

Combien y a-t-il d'éclairs au chocolat ?
Combien y a-t-il de gâteaux en tout dans la vitrine ?

Les données importantes

Mes opérations

Mes réponses

Problème n°21

Lison adore les images à collectionner. Elle réclame souvent à Maman Jeanne de lui acheter des paquets d'images. Aujourd'hui, Lison a ramené une très bonne note de l'école. Maman Jeanne lui a donc offert 4 paquets de 7 images en récompense. Lison avait déjà 101 images. Elle est tellement contente de pouvoir compléter sa collection.

Combien Lison reçoit-elle d'images en récompense ?
Combien Lison a-t-elle d'images en tout ?

Les données importantes

Mes opérations

Mes réponses

Problème n°22

Lison et Rémi partent à la piscine avec l'école. Le car de 55 places emmène 4 groupes de 11 élèves chacun. Les élèves sont accompagnés par 3 maîtresses et 3 mamans.

Combien de personnes sont-elles montées dans le car ?
Combien reste-t-il de places libres dans le car ?

Les données importantes

Mes opérations

Mes réponses

Problème n°23

Lison a fabriqué 3 bracelets avec 20 perles bleues et 12 perles rouges chacun. Il va falloir qu'elle rachète des perles car sa boîte ne contient plus que 55 perles rouges. Il n'y en a presque plus.

Combien Lison a-t-elle utilisé de perles ?
Combien Lison avait-elle de perles rouges en tout ?

Les données importantes

Mes opérations

Mes réponses

Problème n°24

Ce soir, Papa Gilbert et Maman Jeanne emmènent Lison et Rémi au restaurant. Ce restaurant est grand : il peut contenir 70 personnes. Il y a déjà 7 tables de 4 personnes chacune qui sont en train de manger.

Combien de personnes sont déjà en train de manger ?
Combien reste-t-il de places libres ?

Les données importantes

Mes opérations

Mes réponses

Problème n°25

Rémi collectionne les images de joueurs de foot. Il a déjà beaucoup d'images dans sa boîte mais la collection entière en totalise 500 ! Comme il a 27 doubles, il décide de les donner à son meilleur copain Hugo. Maintenant, il lui reste 328 images dans sa boîte.

Combien Rémi avait-il d'images dans sa boîte avant de donner ses doubles ?
Combien manque-t-il d'images à Rémi pour finir sa collection ?

Les données importantes

Mes opérations

Ma réponse

Problème n°26

C'est le marché du samedi et Mamie Nicole est partie vendre ses 99 œufs. Un client achète à l'étal de Mamie Nicole 10 boîtes de 6 œufs chacune et 3 boîtes de 12 œufs.

Combien le client a-t-il acheté d'œufs en tout ?
Combien reste-t-il d'œufs à Mamie Nicole ?

Les données importantes

Mes opérations

Ma réponse

Problème n°27

Mercredi, la classe de Rémi fêtera les anniversaires du mois de juin. 3 élèves sont concernés. Chaque élève fêtant son anniversaire doit apporter 5 paquets de gâteaux et 2 boissons. Maman Jeanne a également donné 2 paquets de gâteaux et 4 boissons à Rémi pour qu'il participe.

Combien y aura-t-il de paquets de gâteaux en tout ?
Combien y aura-t-il de boissons en tout ?

Les données importantes

Mes opérations

Mes réponses

Problème n°28

Dans la bibliothèque de l'école, il y a 473 livres. La maîtresse en ramène 126 de plus et les range soigneusement dans les étagères. Pendant la récréation de l'après-midi, les élèves ont emprunté 175 livres.

Combien reste-t-il de livres dans la bibliothèque à la fin de la journée ?

Les données importantes

Mes opérations

Ma réponse

Problème n°29

Rémi a 32 €. Il achète 4 paquets de bonbons à 2 € chacun. Lison a 40 €
et achète 3 fois plus de paquets de bonbons que Rémi.

Combien de paquets de bonbons Lison achète-t-elle ?
Combien reste-t-il d'argent à Lison après son achat ?
Combien reste-t-il d'argent à Rémi après son achat ?

Les données importantes

Mes opérations

Ma réponse

Problème n°30

Lison a 695 perles de toutes les couleurs. Elle adore les ranger pour compter combien elle a de perles de chaque couleur. C'est parti ! Lison remplit sa première boîte de 200 perles rouges, puis la deuxième de 305 perles bleues et enfin la troisième de 80 perles blanches.

Combien reste-t-il de perles à classer ?

Les données importantes

Mes opérations

Ma réponse

Problème n°31

Maman Jeanne prépare un gâteau pour le goûter de Rémi et Lison. Ils adorent le gâteau au chocolat ! Maman Jeanne a mélangé 1 œuf, 100 g de sucre, 250 g de chocolat et 150 g de beurre. Une fois tous les ingrédients mélangés, la pâte pèse 550 g.

Combien pèse le mélange de sucre, de chocolat et de beurre ?
Combien pèse l'œuf ?

Les données importantes

Mes opérations

Mes réponses

Problème n°32

Maman Jeanne est infirmière libérale. Elle doit aller au chevet de Madame Olive 5 fois par jour pendant 5 jours. Maman Jeanne doit parcourir 2 km pour aller et chez Madame Olive et 2 km pour revenir.

Combien de fois Maman Jeanne doit-elle aller chez Madame Olive ?
Combien de kilomètres parcourt Maman Jeanne durant les 5 jours ?

Les données importantes

Mes opérations

Mes réponses

Problème n°33

Mamie Nicole a décidé de faire des crêpes pour les élèves de la classe de Rémi et Lison. Il y a 21 élèves dans chaque classe et Mamie Nicole a fait 2 crêpes par élève. Les enfants ont adoré : 70 crêpes ont été mangées.

Combien d'élèves ont mangé des crêpes ?
Combien Mamie Nicole a-t-elle fait de crêpes ?
Combien de crêpes n'ont pas été mangées ?

Les données importantes	**Mes opérations**

Mes réponses

Problème n°34

Les classes de Lison et Rémi partent à la piscine. Les 20 meilleurs élèves attendent au bord de la piscine que le maître-nageur fasse des équipes de 4 élèves. Ces groupes feront la course pour savoir qui nagera le plus vite la longueur de la piscine qui fait 50 mètres.

Combien d'équipes le maître-nageur pourra-t-il faire ?

Les données importantes

Mes opérations

Ma réponse

Problème n°35

Ce dimanche, c'est réunion de famille. Léo, le cousin de Rémi et Lison, a 15 ans. Il est l'aîné avec 3 ans de plus que sa sœur Emma. Par contre, Emma a 6 ans de plus que leur petit frère Louis. À la naissance de Léo, leurs parents avaient 25 ans.

Quel âge a Emma ?
Quel âge a Louis ?
Quel âge ont leurs parents aujourd'hui ?

Les données importantes

Mes opérations

Mes réponses

Problème n°36

Aujourd'hui, Maman Jeanne, qui mesure 182 cm, a décidé de mesurer Rémi et Lison. Lison mesure 121 cm et 3 cm de moins que Rémi.

Combien mesure Rémi ?
Combien de différence en cm y a-t-il entre Maman Jeanne et Rémi ?

Les données importantes

Mes opérations

Mes réponses

Problème n°37

Le mercredi, Lison range sa chambre. Et elle a décidé de ranger ses 12 jolies photos de vacances dans un album. Lison peut ranger 4 photos par page. L'album contient 5 pages en tout.

Combien de pages lui faudra-t-il pour ranger toutes ses photos ?

Les données importantes

Mes opérations

Mes réponses

Problème n°38

Alors qu'elle se promenait dans le jardin, Lison a échappé les bonbons que venait de lui donner Mamie Nicole. Perchée sur le cerisier, la pie Coquine guette et, attirée par les jolis papiers de bonbons brillants, plonge vers l'herbe pour les ramasser. Elle en prend 3, puis 3 autres. Lison regarde, amusée, la pie Coquine faire ses allers-retours vers son nid : 7 allers-retours en tout et à chaque fois, elle a mis 3 bonbons dans son bec. Rémi est un farceur ; il grimpe sur le muret pour reprendre 7 bonbons dans le nid de la pie Coquine.

Combien Coquine a-t-elle mis de bonbons dans son nid ?
Combien reste-t-il de bonbons dans le nid après la farce de Rémi ?

Les données importantes

Mes opérations

Mes réponses

Problème n°39

Il vient juste de pleuvoir ; les escargots sortent de leurs cachettes pour se glisser parmi les brins d'herbe humides. Munis de leur panier, Rémi et Lison, ravis, partent à toute vitesse pour ramasser les escargots cachés sous les petites feuilles ou agrippés aux petites pierres. Après 1 heure de chasse effrénée, il est temps de compter les escargots. Rémi a ramassé 48 escargots et Lison, 34. Rémi en donne 12 à Lison.

Combien Rémi et Lison ont-ils ramassé d'escargots en tout ?
Combien Lison a-t-elle d'escargots en tout ?

Les données importantes

Mes opérations

Mes réponses

Problème n°40

Chouette ! Aujourd'hui, Maman Jeanne emmène les enfants à la fête foraine, accompagnés de leurs amis Camille et Hugo. 2 gros bouquets de ballons multicolores sont attachés au bout de longues ficelles et montent vers le ciel. Les enfants les regardent, émerveillés. Maman Jeanne achète pour 10 € les 2 gros bouquets contenant chacun 4 ballons. Rémi veut 3 ballons, Lison 1 seul, Camille 2.

Combien Hugo a-t-il de ballons ?
Combien coûte 1 seul bouquet de ballons ?

Les données importantes

Mes opérations

Mes réponses

Problème n°41

Rémi collectionne les billes. Il est très fort à ce jeu et en gagne toujours beaucoup : 470 billes gagnées en 2 ans. La première année, Rémi a gagné 144 billes. Il a beaucoup trop de billes maintenant alors Rémi en donne 100 à son ami Hugo.

Combien Rémi a-t-il gagné de billes la deuxième année ?
Combien lui reste-t-il de billes aujourd'hui ?

Les données importantes

Mes opérations

Mes réponses

Problème n°42

Mamie Nicole a acheté une encyclopédie aux enfants pour les aider à faire leurs devoirs. L'encyclopédie comprend 12 volumes. Chaque volume contient 550 pages, pèse 1 kg et coûte 10 €.

Combien Mamie Nicole a-t-elle dépensé pour acheter l'encyclopédie ?
Combien pèse l'encyclopédie complète ?

Les données importantes

Mes opérations

Mes réponses

Problème n°43

Maman Jeanne et Papa Gilbert préparent le voyage en avion pour toute la famille. Lison et Rémi sont contents car Mamie Nicole vient avec eux. Le billet d'avion pour les adultes coûte 101 € chacun. Le billet d'avion pour les enfants coûte 22 € chacun. Mamie Nicole doit allonger ses jambes et a donc besoin d'avoir un siège spécial. Il faut rajouter 15 € sur le prix de son billet.

Quel est le prix du billet d'avion de Mamie Nicole ?
Combien coûtent les billets pour tous les adultes ?
Combien coûtent les billets pour toute la famille ?

Les données importantes

Mes opérations

Mes réponses

Problème n°44

Pour la buvette de la fête de l'école, la directrice a acheté 3 packs de 8 bouteilles de jus de fruits et 4 packs de 6 bouteilles de limonade.

Combien a-t-elle acheté de bouteilles de jus de fruit ?
Combien a-t-elle acheté de bouteilles en tout ?

Les données importantes

Mes opérations

Mes réponses

Problème n°45

Lison aime nager. Elle aime tellement nager qu'elle s'entraîne pour un championnat de natation. Le bassin de la piscine dans lequel elle s'entraîne fait 50 mètres de long et 20 mètres de large. Elle a parcouru 5 longueurs de bassin et 3 largeurs de bassin.

Combien de mètres de longueur de bassin a parcouru Lison ?
Combien de mètres de largeur de bassin a parcouru Lison ?
Combien de mètres a-t-elle parcourus en tout ?

Les données importantes

Mes opérations

Mes réponses

Problème n°46

Le papa de Camille distribue l'argent de poche de la semaine à ses deux enfants. Il a 90 € dans son porte-monnaie. Il donne 10 € à Camille et donne 3 fois plus à son fils aîné, Pierre. Ensuite, il partage l'argent qui lui reste entre ses deux enfants.

Combien donne-t-il d'argent de poche à Pierre ?
Combien reste-t-il d'argent à partager entre eux ?

Les données importantes

Mes opérations

Mes réponses

Problème n°47

Papa Gilbert achète 4 places pour emmener toute la famille au cinéma.
Chaque place coûte 9 €. Papa Gilbert donne au caissier 1 billet de 20 €,
1 billet de 10 € et 2 billets de 5 €.

Combien Papa Gilbert donne-t-il au caissier ?
Combien coûtent les 4 places de cinéma ?
Combien le caissier va-t-il rendre de monnaie ?

Les données importantes

Mes opérations

Mes réponses

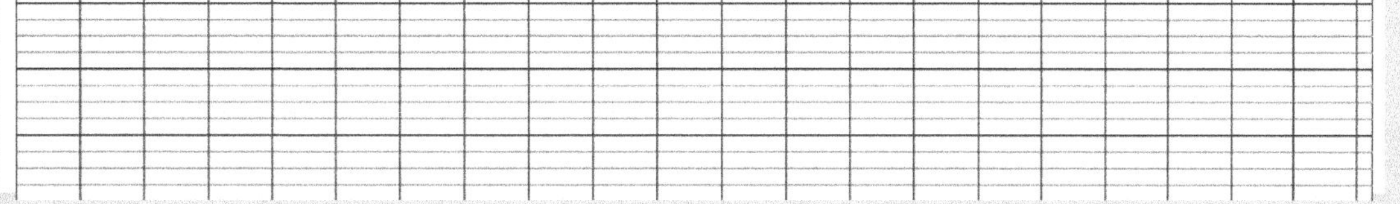

Problème n°48

Mamie Nicole prépare une tarte aux pommes. Elle coupe 2 pommes en 12 petits morceaux chacune. Rémi, gourmand, glisse sa main dans le saladier et prend 3 morceaux de pomme en cachette. Évidemment, Lison s'empresse de faire la même chose et attrape 5 morceaux de pomme au vol.

Combien Mamie Nicole a-t-elle coupé de morceaux de pomme ?
Combien reste-t-il de morceaux de pomme dans le saladier ?

Les données importantes

Mes opérations

Mes réponses

Problème n°49

Dans son poulailler, Mamie Nicole élève 10 poules. Une nuit, 1 renard a mangé 2 poules. 2 des poules restant dans le poulailler ne pondent plus car elles sont trop vieilles. Les poules pondeuses ont pondu 5 œufs chacune au cours de la semaine.

Combien reste-t-il de poules dans le poulailler à la fin de la semaine ?
Combien de poules pondeuses reste-t-il ?
Combien Mamie Nicole va-t-elle récupérer d'œufs ?

Les données importantes

Mes opérations

Mes réponses

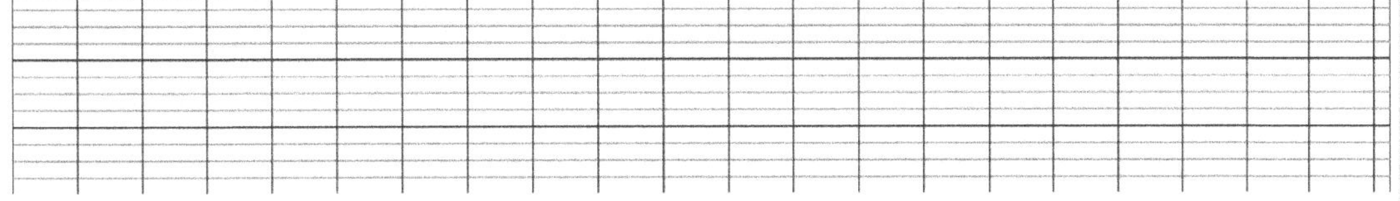

Les corrigés

Problème n°1

13 + 6 = 19   Il y a 19 poissons dans le bassin de Lison.

Problème n°2

5 + 9 = 14   Ce petit lapin a mangé 14 carottes en tout.

Problème n°3

22 + 26 = 48   Les deux petits écureuils ont récolté 48 noisettes.

Problème n°4

11 + 12 = 23   Rémi et Ponette ont fait 23 tours de manège.

Problème n°5

36 + 52 = 88   Biscotte a sorti 88 croquettes de sa gamelle.

Problème n°6

32 + 7 + 60 = 99   Lison et Camille ont utilisé 99 perles.

Problème n°7

56 - 13 = 43   Mamie Nicole aura 43 œufs à vendre.

Problème n°8

63 - 52 = 11   11 fleurs ont été abîmées dans la chute de Lison.

Problème n°9

40 + 7 = 47   Mamie Nicole a vendu 47 œufs.
70 - 47 = 23   Il lui reste 23 œufs.

Problème n°10

21 + 22 = 43   Les livres et le stylo coûtent 43 €.
50 - 43 = 7   La caissière va rendre 7 € à Lison.

Problème n°11

98 - 55 = 43   Rémi avait 43 billes avant son anniversaire.

Problème n°12

101 - 13 = 88   Rémi a assemblé 88 pièces.
101 + 88 = 189   189 pièces ont déjà été assemblées.
250 - 189 = 61   Il reste 61 pièces à assembler.

Problème n°13

19 + 10 = 29   29 oiseaux en tout sont posés sur la terrasse.
29 - 8 = 21   Il reste 21 oiseaux sur la terrasse.

Problème n°14

32 - 27 = 5   Lison a pêché 5 canards en plus.

Problème n°15

200 + 20 = 220   (Il y a 220 litres d'essence dans la voiture)
220 - 5 = 215   Papa Gilbert a consommé 215 litres d'essence.

Problème n°16

52 + 25 + 12 = 89 Le pâtissier a préparé 89 gâteaux en tout.

89 - 13 = 76   Les élèves ont mangé 76 gâteaux.

Problème n°17

5 x 4 = 20   Biscotte a parcouru 20 mètres.

Problème n°18

4 x 2 = 8 €   (Mamie Nicole a acheté pour 8 € de farine)

3 x 1 = 3 €   (Mamie Nicole a acheté pour 3 € de beurre)

7 x 3 = 21 €   (Mamie Nicole a acheté pour 21 € de chocolat)

8 + 3 + 21 = 32 € Mamie Nicole a dépensé 32 € de course.

Problème n°19

150 x 2 = 300   (Les parents devront prévoir 300 € pour le voyage)

300 + 100 + 100 = 500 Les parents devront prévoir 500 € en tout.

Problème n°20

3 x 7 = 21   Il y a 21 éclairs au chocolat.

2 x 6 = 12   (Il y a 12 meringues)

21 + 12 = 33   Il y a 33 gâteaux en tout dans la vitrine.

Problème n°21

4 x 7 = 28   Lison reçoit 28 images en récompense.

101 + 28 = 129   Lison a 129 images en tout.

Problème n°22

4 x 11 = 44   (Il y a 44 élèves en tout)

44 + 3 + 3 = 50   50 personnes sont montées dans le car.

55 - 50 = 5   Il reste 5 places libres dans le car.

Problème n°23

3 x 20 = 60   (Lison a utilisé 60 perles bleues)

3 x 12 = 36   (Lison a utilisé 36 perles rouges)

60 + 36 = 96   Lison a utilisé 96 perles en tout.

55 + 36 = 91   Lison avait 91 perles rouges en tout.

Problème n°24

4 x 7 = 28   28 personnes sont déjà en train de manger.

70 - 28 = 42   Il reste 42 places libres.

Problème n°25

328 + 27 = 355   Rémi avait 355 images dans sa boîte.

500 - 328 = 172   Il manque 172 images.

Problème n°26

10 x 6 = 60   (Il y a 60 œufs pour les boîtes de 6 œufs)

3 x 12 = 36   (Il y a 36 œufs pour les boîtes de 12 œufs)

60 + 36 = 96   Le client a acheté 96 œufs en tout.

99 - 96 = 3   Il reste 3 œufs à Mamie Nicole.

Problème n°27

3 x 5 = 15   (Les élèves ramènent 15 paquets de gâteaux)

15 + 2 = 17   Il y aura 17 paquets de gâteaux en tout.

3 x 2 = 6   (Les élèves ramènent 6 boissons)

6 + 4 = 10   Il y aura 10 boissons en tout.

Problème n°28

473 + 126 = 599   (Il y a 599 livres avec ceux de la maîtresse)

599 - 175 = 424   Il reste 424 livres dans la bibliothèque à la fin de la
journée

Problème n°29

3 x 4 = 12   Lison achète 12 paquets de bonbons.

12 x 2 = 24   (Lison a dépensé 24 €)

40 - 24 = 16   Il reste 16 € à Lison après son achat.

4 x 2 = 8   (Rémi a dépensé 8 €)

32 - 8 = 24   Il reste 24 € à Rémi après son achat.

Problème n°30

200 + 305 + 80 = 585   (Lison a déjà classé 585 perles)

695 - 585 = 110   Il reste 110 perles à classer.

Problème n°31

100 + 250 + 150 = 500 Le mélange de sucre, chocolat et beurre
pèse 500 g.

550 - 500 = 50   L'œuf pèse 50 g.

Problème n°32

5 x 5 = 25   Maman Jeanne doit aller 25 fois chez Mme Olive.

25 x 4 = 100   Maman Jeanne parcourt 100 km durant les 5 jours.

Problème n°33

21 x 2 = 42   42 élèves ont mangé des crêpes.

42 x 2 = 84   Mamie Nicole a fait 84 crêpes.

84 - 70 = 14   14 crêpes n'ont pas été mangées.

Problème n°34

20 = 4 x 5   Le maître-nageur pourra faire 5 équipes.

Problème n°35

15 - 3 = 12   Emma a 12 ans.
12 - 6 = 6   Louis a 6 ans.
25 + 15 = 40   Leurs parents ont 40 ans.

Problème n°36

121 + 3 = 124   Rémi mesure 124 cm.
182 - 124 = 58   Il y a 58 cm de différence entre Rémi et sa maman

Problème n°37

12 = 4 x 3   Il y a donc 3 pages de 4 photos.

Problème n°38

7 x 3 = 21   Coquine a mis 21 bonbons dans son nid.
21 - 7 = 14   Il reste 14 bonbons après la farce de Rémi.

Problème n°39

48 + 34 = 82   Lison et Rémi ont ramassé 82 escargots en tout.
34 + 12 = 46   Lison a 46 escargots en tout.

Problème n°40

3 + 1 + 2 = 6   (6 ballons ont déjà été distribués)
8 - 6 = 2   Il reste 2 ballons pour Hugo.
10 = 2 x 5   1 bouquet coûte 5 €.

Problème n°41

470 - 144 = 326   Rémi a gagné 326 billes la deuxième année.

470 - 100 = 370   Il reste 370 billes à Rémi.

Problème n°42

12 x 10 = 120   Mamie Nicole a acheté l'encyclopédie à 120 €.

12 x 1 = 12   L'encyclopédie complète pèse 12 kg.

Problème n°43

101 + 15 = 116   Le billet de Mamie Nicole coûte 116 €.

101 + 101 + 116 = 318 €   Les billets pour les adultes coûtent 318 €.

318 + 22 + 22 = 362 €   Les billets pour toute la famille coûtent 362 €.

Problème n°44

3 x 8 = 24   La directrice a acheté 24 bouteilles de jus de fruit.

4 x 6 = 24   La directrice a acheté 24 bouteilles de limonade.

24 + 24 = 48   La directrice a acheté 48 bouteilles en tout.

Problème n°45

50 x 5 = 250   Lison a fait 250 mètres de longueur de bassin.

20 x 3 = 60   Lison a fait 60 mètres de largeur de bassin.

250 + 60 = 310   Lison a parcouru 310 mètres en tout.

Problème n°46

10 x 3 = 30   Il donne 30 € d'argent de poche à Pierre.

90 - 30 - 10 = 50   Il reste 50 € à partager.

Problème n°47

20 + 10 + 5 + 5 = 40   Papa Gilbert donne 40 € au caissier.
4 x 9 = 36   Les 4 places de cinéma coûtent 36 €.
40 - 36 = 4   Le caissier va rendre 4 € de monnaie.

Problème n°48

12 x 2 = 24   Mamie Nicole a coupé 24 morceaux de pomme.
24 - 3 - 5 = 16   Il reste 16 morceaux de pomme dans le saladier.

Problème n°49

10 - 2 = 8   Il reste 8 poules dans le poulailler.
8 - 2 = 6   Seules 6 poules pondent.
6 x 5 = 30   Mamie Nicole va récupérer 30 œufs.

BRAVO !
Tu as réussi !

Dans la même collection,

49 problèmes à résoudre CE1 (Niveaux 1 et 2)
Votre enfant résoudra des problèmes de mathématiques au gré des aventures de Rémi et Lison, deux frère et sœur plein de vie et farceurs.

Trouvez ce livre :

https://amzn.to/31GhJ6R

Exercices de calculs spécial additions et soustractions

Voici un cahier d'exercices qui permettra à votre enfant de devenir un champion des additions et soustractions.

Trouvez ce livre :

https://amzn.to/31BMZnj

Exercices de calculs spécial multiplications et divisions

Voici un cahier d'exercices qui permettra à votre enfant de devenir un champion des multiplications et divisions.

Trouvez ce livre :

https://amzn.to/3hGpyyK

Apprendre les multiplications pour toujours.

Cahier plein d'astuces et d'exercices qui permettront à votre enfant de devenir un champion des multiplications.

Trouvez ce livre :

https://amzn.to/2EPHsAs